手绘中国民俗

我们的传统节日 秋

邵凤丽 张贞 / 著
桃金娘 / 绘

机械工业出版社
CHINA MACHINE PRESS

图书在版编目（CIP）数据

我们的传统节日. 秋 / 邵凤丽，张贞著；桃金娘绘.
— 北京：机械工业出版社，2018.5（2020.8重印）
（手绘中国民俗）
ISBN 978-7-111-59717-9

Ⅰ.①我… Ⅱ.①邵… ②张… ③桃… Ⅲ.①节日 –
风俗习惯 – 中国 – 少儿读物 Ⅳ.①K892.1-49

中国版本图书馆CIP数据核字（2018）第076452号

机械工业出版社（北京市百万庄大街22号 邮政编码100037）
策划编辑：谢欣新 李妮娜 　责任编辑：李妮娜
责任印制：张 博 　　　　　责任校对：刘雅娜
北京宝隆世纪印刷有限公司印刷

2020年8月第1版·第4次印刷　285mm×210mm·2.5印张·2插页·55千字
标准书号：ISBN 978-7-111-59717-9
定价：39.80元

凡购本书，如有缺页、倒页、脱页，由本社发行部调换

电话服务	网络服务
服务咨询热线：（010）88361066	机 工 官 网：www.cmpbook.com
读者购书热线：（010）68326294	机 工 官 博：weibo.com/cmp1952
	金 书 网：www.golden-book.com
封面无防伪标均为盗版	教育服务网：www.cmpedu.com

前 言

  秋高气爽,白云如絮,炎热的夏天已经远去,空气中弥散着瓜果成熟的香甜味道,金秋迈着轻盈的脚步悄悄来到我们的身边。不远处,枫树叶已变得火红,大雁也成群结队地飞往南方。"春种一粒粟,秋收万颗子",放眼望去,一片片金黄,那是秋日丰收的希望。

  我们的农业文明源远流长,古人在秋日丰收之余仍不忘把新收获的果实献给祖先和自然,以此缅怀祖先,感恩祖先的福佑,崇敬自然,感谢自然的恩赐。农忙之后,人们赋予时间以特定的意义,举行了诸多热闹非凡的仪式和活动。在多彩的秋季,人们不仅用勤劳的双手收获了希望,更是创造了充满感恩、团圆、庆贺氛围的民俗节日,仿佛银河中闪亮的星辰,点缀了金秋的时空,让我们一起来感受浓浓的秋意吧!

七夕节

七夕传说

今天是农历七月初七,奶奶给回老家过暑假的月月和亮亮讲起了七夕节的传说:"织女是天帝的女儿,她私自下凡,嫁给了勤劳、善良的牛郎。他们生下了一儿一女,过着男耕女织的幸福生活。突然有一天,天帝派遣天兵天将把织女带走了,牛郎用箩筐挑着儿女一路追赶。王母娘娘见牛郎就要追上了,拔下金簪,划出一道波涛滚滚的天河,从此牛郎织女天河相隔。后来,王母娘娘被他们的真挚感情打动,允许每年七月初七这一天,全家相会。"

鹊桥相会

　　奶奶说，七夕节这天很难看到喜鹊，因为为了让牛郎织女顺利相聚，所有的喜鹊都飞到银河，用它们的翅膀去为牛郎织女搭桥。中国古代，鸟是有神力的动物，很多神仙下凡时也会化身成鸟，而喜鹊又象征着喜悦美好，因此民间流传着"鹊桥相会"这个美丽的传说。

七夕是中国民俗大节之一，在农历的七月初七。但七夕在汉代以前不一定在七月初七，大约在七月朔日（当月的第一天）。七夕的时间点在较早的古代是根据织女星的位置确定的。织女星，英文为Vega，是天琴座中最亮的恒星，在较早的古代，人们将织女星作为季节的标志星。与织女星相对的牵牛星，在古代同样被作为天文时间变化的标志。

牛郎织女的故事在战国末期秦朝初年已经广为流传，到了汉代，人们开始将七夕作为节日。

《古诗十九首》之一

迢迢(tiáo)牵牛星，皎皎(jiǎo)河汉女。
纤纤擢素手，札札弄机杼。
终日不成章，泣涕零如雨。
河汉清且浅，相去复几许。
盈盈一水间，脉脉不得语。

鹊桥仙·纤云弄巧

（宋）秦观

纤云弄巧，飞星传恨，银汉迢迢暗度。
金风玉露一相逢，便胜却人间无数。
柔情似水，佳期如梦，忍顾鹊桥归路。
两情若是久长时，又岂在朝朝暮暮。

穿针乞巧

奶奶告诉月月,七夕节最具特色的节日活动是"乞巧"。传说织女是一个美丽智慧、心灵手巧的仙女,每逢七月七这一天,女孩子们都要向织女祈求,想让织女赐予巧手、智慧和姻缘。女孩子手里拿着五彩线,穿特制的七孔针或九孔针,穿的时候要快、准、巧,这是难度很高的技术活儿。最后,谁穿得最快、最准,谁就胜利,认为得了巧。

喜蛛应巧

七夕节还有一种很好玩的乞巧方式,叫"喜蛛应巧"。奶奶让月月和亮亮到外面捉了一只蜘蛛,放在匣子里,等到第二天观察蜘蛛有没有结网。如果结网了,就根据结网的疏密来判断是否乞到了巧,网结得密,意为得巧多。如果不想放在盒子里,还可以把蜘蛛放在瓜果上,看是否会结网,如果结网就称为"得巧"了。

扎像贺节

奶奶说,七夕这一天很多地方要扎像贺节。亮亮不明白,什么是扎像贺节呢?奶奶说:"人们用树枝扎成一对青年男女像,代表牛郎织女,在他们面前敬献瓜果桃李,诚心祝祷。过去人们认为牛郎织女是勤劳的化身,所以拜牛郎织女,求农、求织、求婚姻。但是一个人只能求一件事哦,不能太贪心,求多了就不灵了。"

拜织女

　　月月和小朋友们到村里戏台玩，看到很多女孩儿聚在一起忙着什么，回来问奶奶，奶奶告诉月月："七夕节村里的姑娘媳妇们会组成乞巧会，在月光下摆一张桌子，放上茶酒、瓜果、鲜花等，还有用纸做成的七姐盆，一起祭拜织女，许下美好的愿望。"月月问："什么是七姐盆？"奶奶说："那是一种纸做的圆盆，里面装纸做的衣服、鞋袜、镜子等用品，每样东西都是七份，意思是织女排行第七。"

吃巧食

奶奶边做巧果边回忆自己小时候的事儿。奶奶告诉月月，小时候最期待过节日了，因为可以吃到平时吃不到的美味，就像奶奶现在正在做的巧果。孩子们喜欢吃巧果，一是因为它很美味、好吃，二是因为巧果还蕴含着"巧"的含义，吃了它，就会更加心灵手巧。

制作巧果

1. 在面粉中加入白糖或者蜂蜜。
2. 加水搅拌均匀，在案板上擀薄。
3. 切成长方块，卷成梭形。
4. 将梭形面放到油锅中炸至金黄。

乞巧

（唐）林杰

七夕今宵看碧霄，牵牛织女渡河桥。
家家乞巧望秋月，穿尽红丝几万条。

秋夕

（唐）杜牧

银烛秋光冷画屏，
轻罗小扇扑流萤。
天阶夜色凉如水，
坐看牵牛织女星。

乞巧歌

我请巧姐吃桃子，
巧姐教我缝袍子。
我请巧姐吃李子，
巧姐教我学纺织。
我请巧姐吃甜瓜，
巧姐教我学绣花。

中元节

中元习俗

快到农历七月半了,爷爷忙着准备灯芯和五色蜡光纸,月月蹲着观察了一会儿,认真地问爷爷:"这是要做什么?"爷爷告诉月月:"后天就是农历七月十五中元节了,按照老礼儿,中元节要到河边放河灯,还要做馍馍祭拜祖先。爷爷得提前准备好,不然就来不及了,中元节是非常隆重的节日。"

中元节,俗称"鬼节"。传说这一天地府洞开,鬼魂四出,民间说"七月半,鬼乱窜"。这一天,子孙要祭拜祖先。人们还会请僧道做法事,"普度"亡灵。

中元节感赋

熊盛元

幡影幢幢(fān chuáng)鬼面燃,
三牲祭向净坛前。
不知尘海茫茫劫,
谁为苍生解倒悬?

中元作

(唐)李商隐

绛节(jiàng)飘飖(yáo)宫国来,中元朝拜上清回。
羊权须得金条脱,温峤(qiáo)终虚玉镜台。
曾省(xǐng)惊眠闻雨过,不知迷路为花开。
有娀(sōng)未抵瀛洲远,青雀如何鸩(zhèn)鸟媒。

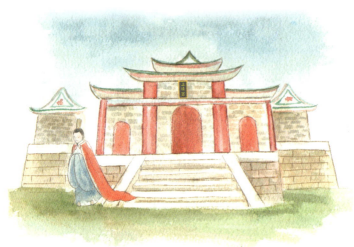

目连救母

奶奶一边准备着做馍馍,一边给月月讲"目连救母"的故事,每次奶奶讲故事,月月都瞪圆了眼睛。"目连是佛祖的十大弟子之一,他母亲死后被打入地狱受饥饿之苦,目连得知后十分不忍,用神力化成食物给母亲,但食物还没到母亲口中,就化成火炭。目连十分悲伤,他求助佛祖,佛祖说他的母亲罪孽太重,须借'十方众僧威神之力'才能解救。目连依佛祖所说,在七月十五这一天用盆盛了百味五果,供奉众神,他的孝心感动了佛祖,终于救出了母亲。"

盂兰盆会

奶奶今天要参加盂兰盆会,月月问:"什么是盂兰盆会?"奶奶说:"每年的农历七月十五日这一天,寺庙里都要举办热闹的盂兰盆会。到时候会有很多人到寺庙祭拜,大家带来各种供品,这时候僧人们要念经,念很多很多的经,意思是超度亡灵。人们悼念祖先和逝去的亲人,也为自己未来的美好生活祈福。"

祭祖

中元节在民间有一个很重要的习惯就是祭祀祖先，祭祀方式就是传统的敬献祭品。在很多地方，人们用面粉做成圆形馍馍，并在中间点一个红点，作为供品敬献祖先，还要敬献鲜花，表达自己的孝思。

祭祀土地和庄稼

农历七月十五不只是纪念祖先，人们还要把各种各样的供品洒进田地里，再用剪成碎条的五色纸缠绕在农作物的穗子上，传说这样做可以避免天降冰雹，获得大丰收。

长安杂兴效竹枝体

（清）庞垲（kǎi）

万树凉生霜气清，中元月上九衢明。
小儿竞把青荷叶，万点银花散火城。

蒸花馍

奶奶一大早起来蒸花馍,月月也早早起床帮奶奶揉面,做奶奶的小助手。奶奶告诉月月:"送给小辈的花馍要捏成扁平的,叫做面羊,意思是羊羔吃奶双膝下跪;送给老辈的花馍捏成人形,叫做面人,意思是儿孙满堂,福寿双全。"奶奶把不同形状的馍馍蒸熟以后,给每个花馍着色,每一件都栩栩如生。月月看着这些不同寓意的花馍,非常兴奋。

放河灯

傍晚,爷爷说要去放河灯,悼念逝去的亲人,这是中元节最具特色的活动。每年农历七月十五夜晚,男女老少都来到河边放河灯,各色彩灯顺水漂移,小孩子紧盯着自家的灯能漂多远,老人们嘴里不断地祈祷。

制作河灯

1. 准备各色蜡光纸。

2. 将方形蜡光纸的四边折起,四角粘牢。

3. 用麻绳浸入蜡烛油做灯芯(也可以用蜡烛),安放在糊好的河灯中。

4. 将河灯底部浸入蜡烛油中,然后趁蜡油没有凝固时放在沙子上。粘沙子是为了增加河灯的重量,不容易被吹翻。

童谣

小小河灯放水中,
许多心愿去远行,
点亮幸福和欢乐,
人间处处有光明。

中秋节

中秋团圆

暑假过完了,一家人回到了北京,爸爸妈妈告诉月月和亮亮,后天就是中秋啦!中秋节是每年的农历八月十五,又称为团圆节。这一天的月亮又圆又亮,一家人无论多忙,都要聚在一起赏月、吃月饼,月月、亮亮很期盼过中秋节。

中秋节是仲秋之节,仲秋指秋季的第二个月,以十五月圆为标志。这夜月色比平时更亮,又称"月夕"。因为人们祭月、拜月,又称"月亮节"。中秋一家团聚,又称"团圆节""女儿节"。此时瓜果成熟,又称"果子节"。

十五夜望月

(唐)王建

中庭地白树栖鸦,冷露无声湿桂花。
今夜月明人尽望,不知秋思落谁家?

中秋月

(宋)苏轼

暮云收尽溢清寒,银汉无声转玉盘。
此生此夜不长好,明月明年何处看。

打月饼

"天上月圆,地下饼圆",中秋节一定要吃月饼。爷爷奶奶早早地开始和面,准备馅料了,他们说这叫"打月饼"。奶奶说,手工月饼不仅花纹多样,形状也有很多种,而且,人们做出的不同形状的月饼都有不同的寓意呢。月月嚷着一定要做他们的小助手,亮亮晃着小脑瓜,不知道什么是做月饼,但是看见姐姐那么兴奋,他也说自己要做爷爷奶奶的小助手。

月光佛画

奶奶说:"在浙江一带,月饼上还可以画画,叫做'月光佛画'。人们用毛笔蘸上洋红洋绿的食材,在圆饼表面画上精美的图案,我见过的图案有'嫦娥奔月''貂蝉拜月''唐明皇游月宫',非常精美。"

月饼是中秋节的节日食品，可能在宋代就有了。苏东坡写诗说："小饼如嚼月，中有酥与饴。"到了明代，人们开始将月饼作为中秋节的特色食品，皇宫中太子要向皇帝进献月饼。清代出现了品牌月饼，北京前门致美斋的月饼是当时京城第一。现在有京式月饼、广式月饼、苏式月饼、甬（yǒng）式月饼（宁波）等。

制作月饼的方法

1. 和面：把面粉和生鸡蛋加水揉匀。

2. 调制月饼馅料：将花生、葡萄干、青红丝等各种干果加油和糖拌匀。

3. 包馅：用和好的面把馅料包起来。

4. 模压：用模具，做出造型。

5. 烘烤：入烤箱烤5分钟，取出晾凉后刷一层蛋液，继续烤18分钟出炉。

中秋歌谣

爷爷为我打月饼

八月十五月儿明呀，爷爷为我打月饼呀；
月饼圆圆甜又香啊，一块月饼一片情啊；
爷爷是个老红军啊，爷爷待我亲又亲哪；
我为爷爷唱歌谣啊，献给爷爷一片心哪！

兔儿爷

中秋节快到了,北京的大街小巷有很多五颜六色、形态各异的兔儿爷。有的衣冠楚楚,上有伞盖,扮作官员;有的身穿甲胄(zhòu),手拿大旗,扮成武士;有骑老虎的,有静坐的,有滑稽幽默的,有神态庄严的。兔儿爷就像中秋的形象大使,也成了小朋友们的绝妙玩具。妈妈告诉两个小家伙,兔儿爷不仅好玩、好看,还能给人带来好运。亮亮说他要买一个回去送给爷爷奶奶。

拜月赏月

太阳要下山了，人们把月饼、西瓜、毛豆等好多东西摆在院子里，让月亮先"吃"，然后人们才能吃。爸爸告诉月月："西瓜圆、瓤红、籽多，寓意美好；毛豆颜色金黄，寓意金色秋天。"爷爷奶奶拜月时还唱："八月十五月儿圆，西瓜月饼敬神仙，有吃有喝还有穿，一家大小都平安。"月月和亮亮也跟着一起唱。拜过月亮后，全家人围坐一起吃月饼、赏月，寓意团团圆圆。

嫦娥奔月

　　月月期待的团圆节终于来临了，月亮又大又圆，桌上摆满了奶奶做的香甜的月饼还有新鲜的瓜果。这时奶奶告诉月月，月亮上住着嫦娥，月月眼睛睁得浑圆，安静地托着腮帮听奶奶讲故事。"传说嫦娥的丈夫后羿射下了危害人间的九个太阳，百姓们都很尊敬他，王母娘娘还赐给他一粒长生不老药，但是后羿舍不得嫦娥，就把长生不老药交给嫦娥保管。后来，嫦娥禁不住诱惑，偷吃了长生不老药，飞到了月亮上，成了月亮仙子。"

玉兔捣药

月亮之中还有一只浑身洁白、可爱的"玉兔",又称"月兔"。玉兔的工作就是拿着玉杵,跪在地上,不停地捣药,然后做成蛤蟆丸。传说服用这种药丸可以让人长生不老。

吴刚伐桂

月亮上还住着一个叫吴刚的男人。吴刚曾跟随仙人修道,有一次他触犯了天条,被炎帝处罚,命令他在月宫砍伐不死之树——月桂。这棵月桂高达五百丈,随砍即合,炎帝就是用这种永无休止的劳动惩罚吴刚。

走月

中秋的月亮又圆又亮,奶奶提议大家一起出去走走。亮亮一听高兴极了,赶紧换好衣服,等在门口。奶奶告诉亮亮说:"中秋夜出去走走,会祛除疾病,带来安康。不过,外面的人很多,不能到处乱跑。"

望月怀远

（唐）张九龄

海上生明月，天涯共此时。
情人怨遥夜，竟夕起相思。
灭烛怜光满，披衣觉露滋。
不堪盈手赠，还寝梦佳期。

嫦娥

（唐）李商隐

云母屏风烛影深，长河渐落晓星沉。
嫦娥应悔偷灵药，碧海青天夜夜心。

民间歌谣

八月十五游宝塔，带起香烛敬菩萨。
老人家青头发，后生子有财发。
堂客们生个胖娃娃，满妹子对个好人家。

重阳节

九九重阳

爸爸妈妈说明天要带月月和亮亮去爬山登高。月月问妈妈为什么,妈妈摸摸月月的头,耐心地说:"因为明天就是重阳节了,重阳节不仅要登高,还可以赏菊花、插茱萸、吃重阳糕。重阳可是一个非常古老的节日。"月月和亮亮充满了期待。

重阳童谣

红叶飘,黄叶飘,
蓝天高高白云飘;
九月九,重阳节,
我和爷爷来登高;
我们俩,手拉手,
爷爷登高不服老;
爷爷爷爷你真棒,
我祝爷爷节日好。

重阳正处于寒露与霜降之间的暮秋时节,冬季风开始向南侵入,天气转凉,草木黄落,人们明显感受到秋寒。重阳节就是人们在即将踏入冬季之时举行的仪式性活动。

做枣花糕

农历九月初九天刚亮,妈妈拿一片糕放在月月和亮亮额头,口中念念有词:"祝愿俩小家伙步步登高。"妈妈说这是她小时候的节日记忆。妈妈做起面食来非常熟练,两三个小面饼,几颗红枣,在妈妈的手里变成了一个个漂亮精致的枣花糕。枣花糕不仅好吃、好看,寓意还很吉祥,"高"和"糕"谐音,寓意"步步高升"。

登高

　　一家人来到山脚下,亮亮要和月月比赛,看谁最先登到山顶,邀请爷爷奶奶、爸爸妈妈一起做裁判。爷爷一说开始,亮亮快速地向上跑,害怕姐姐超过了他。月月也不示弱,在后面紧追不舍。跑着跑着,亮亮开始累了,速度越来越慢,姐姐终于超过了他。亮亮有些不开心,爸爸说:"没关系,坚持锻炼身体,营养均衡,明年重阳节还可以继续登高比赛。"

祭祖与敬老

重阳节正是农作物丰收的季节,讲究孝道的中国人,要向祖先报告收成,新打下来的谷子先给祖先尝新。妈妈告诉月月和亮亮:"现在的重阳节也是老人节,这一天是向老人表达尊敬与祝福的节日。"月月说要给爷爷奶奶唱《重阳到》,亮亮说:"我也要唱!我也要唱!"

重阳传说

晋朝时,有个叫桓景的人跟随仙人费长房学艺。有一天,费长房告诉桓景:"九月九日,你家中有灾疫,你快回去,让家人做红色的香囊,装上茱萸,佩戴在手臂上,爬到附近的高山上,这样可以免除灾疫。"桓景按照费长房说的做了,太阳落山时,他们回到家,发现家里的鸡、狗、牛、羊都死了,算是替他们挡了灾疫。此事传开后,人们认为重阳登高、插茱萸可以避灾,就争相效仿,传了下来。

采桑子·重阳

毛泽东

人生易老天难老,岁岁重阳,
今又重阳,战地黄花分外香。
一年一度秋风劲,不似春光,
胜似春光,寥廓江天万里霜。

重阳歌谣

重阳到,重阳到,爷爷奶奶节日好!
我们非常感谢您,向你们节日问个好!

茱萸

登高路上,妈妈把采来的茱萸放在做好的香囊里,给月月戴在手臂上。月月好奇地闻了闻香囊,香味扑鼻。妈妈告诉月月,茱萸有辟虫的作用,人们相信佩戴茱萸可以辟邪求吉,因此佩戴茱萸成为重阳节习俗的主要标志,重阳节又被称为"茱萸节"。

菊花

路边的菊花竞相开放,妈妈告诉月月:"按照老礼儿,重阳节要赏菊、吃菊花糕、喝菊花酒。菊花象征吉祥、长寿,菊花还是花中四君子(梅兰竹菊)之一,人们非常喜爱它,历代文人墨客有很多吟咏的诗词。菊花还有清热解毒、平肝明目的功效。"

过故人庄

（唐）孟浩然

故人具鸡黍(shǔ)，邀我至田家。
绿树村边合，青山郭外斜(xiá)。
开轩面场圃(pǔ)，把酒话桑麻。
待到重阳日，还来就菊花。
huán

九月九日忆山东兄弟

（唐）王维

独在异乡为异客，每逢佳节倍思亲；
遥知兄弟登高处，遍插茱萸少一人。

重阳节童谣

美丽的菊花

秋天到，菊花开，红的红，白的白；
像面条，像烟火，还像妈妈的卷头发。

秋天适合的户外活动
摘苹果

　　秋天是收获的季节，果园里的果子都熟透了，沉甸甸的，压弯了树枝的腰，微风吹过，飘来阵阵果香。小馋猫，你是不是已经流口水了？那我们和农民伯伯一起去采摘苹果吧，看谁摘的苹果又红又大！